VIE DE SAINT VINCENT

DIACRE ET MARTYR

ET

HISTOIRE DE SES RELIQUES

SAINT-OMER

IMP. ET LITH. H. D'HOMONT, RUE DES CLOUTEREIS, 14

1881

VIE DE SAINT VINCENT

DIACRE ET MARTYR

ET

HISTOIRE DE SES RELIQUES

VIE DE SAINT VINCENT

DIACRE ET MARTYR

ET

HISTOIRE DE SES RELIQUES

SAINT-OMER

IMP. ET LITH. H. D'HOMONT, RUE DES CLOUTEREIS, 14

1881

PREMIÈRE PARTIE

VIE DE SAINT VINCENT

DIACRE & MARTYR

(L'an 304)

CHAPITRE I

Premières années de S. Vincent.

Saint Vincent, martyr, était de race noble ; il eut pour père Eutychius, fils de l'illustre consul Agrestus, et pour mère Énola, originaire de la ville de Huesca, en Espagne ; lui-même naquit dans cette ville, et la maison où il reçut le jour devint plus tard un temple consacré au Seigneur. On croit que S. Vincent était proche parent de S. Laurent, et quelques auteurs prétendent même que sa mère Énola était la propre sœur de S. Laurent. Par un dessein secret de la Providence qui voulait en faire un vase d'élection, Vincent, jeune encore, fut envoyé à Saragosse, pour y étudier sous la conduite du B. Valère,

Évêque de cette ville. Il fit des progrès rapides dans les lettres sacrées et profanes, et le saint Évêque l'éleva bientôt à la dignité du Diaconat, afin qu'il pût le suppléer dans la prédication de la parole de Dieu, parce que lui-même s'exprimait difficilement. Ainsi, tandis que l'Évêque se livrait à l'oraison et à la contemplation, Vincent employait tout son zèle à annoncer les vérités saintes aux fidèles.

Réflexions.

La conduite des parents du Bienheureux Vincent devrait être celle de tous les pères de famille. Ce n'est point assez de procurer à leurs enfants le bienfait de l'instruction ; ils ont pour mission première de les former à la vertu, et ainsi ils doivent les confier uniquement à des maîtres recommandables par l'intégrité de la vie et la pureté de la doctrine. Élevés sous l'heureuse influence de la religion, les enfants feront, comme Vincent, de rapides progrès dans la vertu et dans la science, et ils deviendront la joie et l'honneur de leurs parents, en se rendant également chers à Dieu et aux hommes.

CHAPITRE II

Arrestation et premières souffrances de S. Vincent.

L'empire romain était alors gouverné par Dioclétien et Maximien, tous deux altérés du sang des chrétiens et acharnés pour le culte des faux dieux. Ils envoyèrent comme préfet à Saragosse un impie nommé Dacien, qui s'attacha surtout à arrêter les

Évêques et les Prêtres et tous les autres ministres de l'Église, pensant avec raison qu'en faisant périr ou apostasier les chefs des chrétiens, il viendrait facilement à bout de la foi du peuple. Loin de fuir, Valère et Vincent ne craignirent point d'affronter la cruauté du tyran, et ils étaient si avides de combattre et de souffrir pour Jésus-Christ, que chaque jour de retard leur paraissait une brèche faite à la récompense qu'ils attendaient de Dieu.

Dacien ordonna d'abord de les conduire sous bonne escorte à Valence, afin que les privations de la route et les mauvais traitements de leurs gardes diminuassent leurs forces et leur courage. Les martyrs étaient dans le voyage chargés de lourdes chaînes qui étreignaient tous leurs membres et leur faisaient endurer les plus cruelles souffrances. Dacien les laissa encore plusieurs jours en prison, et quand il les crut assez abattus de corps et d'esprit par ces divers supplices, il ordonna de les amener en sa présence. Il voulait que leur vie se terminât dans les tourments, et il se proposait de sévir jusque sur leurs cadavres, s'il ne réussissait à les convertir au culte de ses dieux. Quel fut son étonnement de les voir robustes et intrépides comme auparavant ! Aussi dit-il aux gardiens de la prison : « Pourquoi les avez-vous si bien nourris et traités si délicatement ? » Il ne savait pas que Dieu soutient comme il lui plaît les forces de ses martyrs !

Réflexions.

La persécution contre l'Église est de tous les temps, et, si les moyens diffèrent, la méthode change rarement. Aujourd'hui encore les Évêques et les Prêtres sont le principal objet de ses attaques. Là où elle ne peut employer la force ouverte, elle a recours aux mille voix d'une presse impie et licencieuse qui chaque jour travaille à déconsidérer les pasteurs, afin de miner peu à peu la foi du peuple. Défiez-vous de ces journaux qui, sous une forme ou sous une autre, censurent la conduite du Prêtre. Ils savent bien ce qu'ils font : ils veulent vous faire perdre le respect du Prêtre, afin de vous faire perdre le respect de la religion elle-même. Ne les lisez jamais, ne les achetez jamais ; prenez garde surtout de les laisser aux mains de vos enfants. « *Que celui-là entende qui a des oreilles pour entendre.* (S. MARC, ch. IV, v. 9.) »

CHAPITRE III

Interrogatoire de Valère et de Vincent.

Dacien, s'adressant d'abord à Valère, lui dit : « Que fais-tu, Valère, et pourquoi, sous prétexte de religion, es-tu en révolte contre les princes ? Ne sais-tu pas que ceux qui méprisent les édits impériaux courent risque de la vie ? Les princes et seigneurs de l'univers ont prescrit de faire des libations aux dieux, ne voulant pas que la dignité de l'ancien culte le cède à des lois nouvelles et inconnues. Ainsi obéis promptement à mes ordres, afin que par ton exemple les chrétiens de toute condition exécutent sans peine ce que leur Évêque aura fait le premier. Et toi, Vincent, si recommandable par la noblesse de ton origine et les grâces de la jeunesse, sois aussi fidèle à accomplir mes paroles. Décidez ensemble quelle conduite vous allez tenir ; si vous obéissez, vous serez comblés d'honneurs ; sinon, votre mépris des dieux et des empereurs sera châtié par les supplices. »

Valère ne répondit rien, parce que, comme nous l'avons dit, il s'exprimait difficilement ; alors Vincent lui dit : « Mon père, si vous le permettez, je répondrai au juge. » — « Très cher fils, lui dit Valère, depuis longtemps je vous ai confié la charge d'annoncer la parole divine, et maintenant répondez aussi pour cette foi que nous avons à défendre. » — Alors Vincent, se tournant vers Dacien, lui parla ainsi :

« Tu veux que nous renoncions à notre foi ; mais c'est un crime pour les chrétiens d'abandonner le culte du vrai Dieu. Nous professons la religion chrétienne, nous sommes les serviteurs et les témoins du Dieu unique et véritable qui demeure dans tous les siècles. C'est en son nom que nous avons pris les armes spirituelles pour combattre contre les ruses les plus raffinées de ta méchanceté. Nous ne craignons ni tes menaces ni tes supplices, et volontiers nous subirons la mort pour la vérité ; car tes supplices nous conduiront à la couronne, et la mort nous conduira à la vie. Que la cruauté du démon s'exerce sur notre chair dans les tourments, et l'homme intérieur gardera sa foi pure et sans tache envers son Auteur. C'est le serpent infernal, cet homicide insatiable, qui pousse vos princes à poursuivre l'innocence chrétienne par les tourments et la mort ! C'est lui qui jadis envia à nos premiers parents le bonheur du Paradis, leur ravit l'immortalité, et les a soumis misérablement à la mort ! C'est sa malignité qui a fait adorer les idoles au lieu de Dieu, parce qu'il ne peut supporter que par l'obéissance l'homme arrive à ce séjour d'où l'orgueil l'a précipité lui-même. C'est lui qu'en invoquant le Seigneur nous chassons du corps des hommes avec tous ses suppôts ; c'est à lui que, sous le nom de vos vaines divinités, vous rendez un culte abominable, en préférant la créature au Créateur ! »

Réflexions.

N.-S. J.-C. a dit : « Quand vous serez conduits devant les princes à cause de mon nom, ne cherchez pas d'avance ce que vous direz, car à l'heure même vous saurez ce qu'il faudra dire. Ce n'est pas vous qui parlerez, mais c'est l'Esprit de Dieu qui parlera par votre bouche. (S. MATTH., ch. x, v. 19.) » Nous voyons ici en S. Vincent un admirable exemple de cette assistance de l'Esprit-Saint. Comme il retrace en peu de mots la vanité des idoles ! Comme il montre le courage qui doit animer le chrétien dans les temps de persécution, et la gloire qui attend dans le Ciel celui qui aura légitimement combattu ! Gravons chacune de ses paroles dans notre cœur, afin que nous sachions aussi au besoin affronter les menaces et les supplices pour la défense de notre foi.

CHAPITRE IV

Tourments divers subis par S. Vincent.

Alors Dacien, transporté de colère, dit à ses officiers : « Éloignez d'ici cet Évêque, car il est juste qu'il subisse l'exil pour avoir méprisé l'édit des empereurs. Quant à ce rebelle qui nous a insulté publiquement, soumettez-le à d'horribles tourments. Il faut punir son audace par les plus grands supplices : ne prétend il pas que l'accroissement de ses peines sera l'accroissement de sa récompense ?... Mettez-le d'abord sur le chevalet, tirez tous ses membres, et brisez tout son corps. Qu'il subisse cette peine avant les véritables tourments !. »

Cependant Dacien disait à Vincent : « Que dis-tu, Vincent ? dans quel état vois-tu ton misérable corps ? » Mais le Martyr, fortifié par la présence de Dieu, lui répondit en souriant : « J'ai ce que toujours j'ai souhaité et appelé de tous mes vœux. Personne n'a été plus favorable que toi à mon égard ; toi seul m'accordes l'objet de tous mes désirs. Voici qu'on m'élève dans les airs, et plus élevé que le monde, je méprise tes princes eux-mêmes. Je t'en prie, ne diminue point ma gloire, ne porte aucun préjudice à mon triomphe ; car le serviteur de Dieu est prêt à tout souffrir au nom du Seigneur ! Ça donc, livre-toi à toute la fougue de ta méchanceté, et tu verras que par la vertu de Dieu je puis souffrir plus de tourments que tu ne saurais en inventer. La cruauté qui t'anime fera ma gloire, car tu seras vaincu malgré la grandeur de mes supplices. Et déjà je goûte une joie extraordinaire, parce que je serai vengé dans mes souffrances. »

Ici Dacien se prit à crier contre les bourreaux, à les battre de verges, et même à les frapper à coups de bâton. Ainsi le Saint eut un peu de repos, et le démon punissait lui-même les exécuteurs de sa haine. Vincent dit alors : « Qu'en penses-tu, Dacien ? Me voilà déjà vengé de tes bourreaux, et toi-même m'as procuré cette vengeance ! » Aussitôt le ministre de Satan fit entendre des discours pleins de rage, il grinçait les dents et, en déchirant le Martyr de Dieu, il se déchirait lui-même. Enfin les bourreaux s'arrêtèrent, et leurs bras fatigués témoignaient de leur défaite. Leur visage était pâle et leurs forces épuisées, leurs membres ruisselants de sueur étaient engourdis, leur poitrine était haletante, et l'on eût pu croire qu'eux-mêmes subissaient les tourments du saint Martyr.

Dacien lui-même, pâle, la poitrine gonflée de colère et le regard menaçant, criait aux soldats : « Que faites-vous ? Je ne reconnais plus vos mains.

Vous avez souvent vaincu les homicides les plus opiniâtres ; vous avez forcé les parricides et les magiciens à rompre le silence, et ceux qui ne voulaient point avouer leurs crimes par la crainte de la mort, vous les avez contraints à des aveux qui les ont conduits à la mort ! Et aujourd'hui nous ne pouvons arrêter les injures qui sont vomies contre nos princes !... Reposez un instant vos bras, reprenez des forces afin de tourmenter davantage cet implacable ennemi. Enfoncez profondément dans ses côtes les ongles de fer et que la violence de la douleur le force à gémir, au lieu de nous insulter. »

Cependant Vincent disait à Dacien en souriant : « Voici l'accomplissement de cette parole : « En voyant, ils ne verront point, et en entendant, ils ne comprendront point ! » Je confesse que le Christ Seigneur, fils unique d'un père unique, est un seul et même Dieu avec le Père et le Saint-Esprit. Quant à ces dieux que tu veux me faire adorer, ce sont des idoles de bois et de pierre. Rends-leur témoignage, sois le pontife de ces dieux sans vie, si cela te plaît ; pour moi, je sacrifie au seul Dieu vivant qui est béni dans tous les siècles. »

La rage des bourreaux était telle que non seulement le sang coulait des côtés du saint Martyr, mais de tout son corps ; car dans ce tourment ils avaient mis à nu les organes internes, et disloqué toutes les jointures des membres. Dacien ne pouvait les accuser de nonchalance, mais il était tout étonné de se voir vaincu par le courage du serviteur de Dieu.

Alors il dit à Vincent : « Aie pitié de toi ; ne détruis point ta vie dans sa fleur, et n'en abrège pas si tôt la durée. Mets fin à tes supplices, et ne m'oblige point à en ajouter de nouveaux. » Et Vincent, rempli du Saint-Esprit, lui répondit : « O langue empoisonnée du démon, que ne feras-tu point à mon égard, puisque tu as tenté notre Dieu et Seigneur ? Je ne crains point les supplices que peut imaginer ton courroux, je crains plutôt cette fausse pitié que tu affectes. Essaie tous les tourments, et l'on verra ce que peuvent tes enchantements, tes maléfices et ta perversité : car tu dois trouver dans le chrétien une foi invincible. Jésus donne le courage de tout souffrir, puisqu'il a dit : « Ne craignez point ceux qui tuent le corps, et ne sauraient nuire à l'âme. » Ainsi ne diminue en rien tes supplices, afin que tu t'avoues vaincu dans toute leur multitude. »

« Qu'on l'applique à la question, s'écria Dacien, et qu'il subisse les tourments les plus affreux, et si la vie peut durer jusqu'au bout, que les membres mêmes fassent défaut aux supplices! Il ne pourra me vaincre et vivre encore! » Vincent répondit : « O bonheur ! tes menaces tournent à ma gloire ; plus l'épouvante est grande, plus la félicité sera immense. Tu penses être irrité davantage, et je considère que tu as plutôt pitié de moi !... »

Le Martyr fut donc retiré du chevalet et entraîné pour subir le tourment du feu. Lui même devançait presque les bourreaux et aspirait à voir commencer le supplice. Les exécuteurs apportèrent un lit de fer formé de plusieurs lames espacées et croisées entre elles, et après avoir entassé au-dessous des charbons ardents, ils s'apprêtaient à y coucher le Martyr de Dieu. Mais l'intrépide athlète du Seigneur monte de lui-même sur ce fer rougi ; on le tourmente, on le frappe de verges, on tire ses membres pour aggraver ses supplices. Bientôt les lames rougies pénètrent dans les côtes et dans tous les membres, et les humeurs du corps s'échappent par les trous qu'ont faits les pointes de fer et alimentent la flamme. Ce sont blessures sur blessures, et les tourments s'ajoutent aux tourments. On répand du sel sur le feu, il éclate en petits fragments et pénètre dans les chairs, et bientôt les tourments ne s'arrêtent plus aux membres, mais ils atteignent jusqu'au fond des entrailles. Et comme il n'y avait plus aucune portion du corps qui fût entière, les plaies qui avaient été faites auparavant sont elles-mêmes renouvelées. Le serviteur de Dieu demeurait inébranlable, et, les yeux levés vers le ciel, il invoquait le Seigneur !

Réflexions.

Aujourd'hui encore, dans certaines contrées, les Missionnaires et les simples fidèles eux-mêmes ont quelquefois à subir des tourments cruels et la mort pour la foi de J.-C. ! Notre courage serait-il à la hauteur de ces épreuves, si jamais elles se renouvelaient parmi nous? Peut-être n'osons-nous pas défendre maintenant la religion, quand elle est attaquée en notre présence!... Si nous voulons obtenir de la grâce divine cette foi invincible que tout chrétien doit avoir, selon la parole du B. Vincent, prions souvent pour ceux qui combattent les combats du Seigneur, et travaillons, selon nos faibles moyens, à étendre le règne de J.-C., en nous associant aux œuvres de la Propagation de la Foi, de S. François de Sales et de la Sainte-Enfance, par lesquelles tant d'âmes sont sauvées !...

CHAPITRE V

Consolations célestes accordées à S. Vincent. Sa mort.

Cependant Dacien s'informe auprès des soldats de ce que Vincent faisait et disait. On lui annonce qu'il a supporté tous les suppplices avec joie et intrépidité, et qu'il proclame plus haut que jamais professer la foi du Christ. « Hélas ! s'écrie Dacien, nous sommes vaincus. Il ne nous reste plus qu'un dernier supplice. Cherchez un endroit ténébreux et fort bas, où il ne pénètre aucun rayon de lumière, en un mot, une prison plus horrible que toutes les prisons. Entassez-y des têts de pots cassés, afin que, partout où son corps touchera ces fragments, il soit percé par ces débris, et qu'il ne puisse se retourner sans souffrir de nouvelles douleurs. En outre écartez-lui démesurément les jambes, et fixez ses pieds dans une poutre, afin que ce rebelle envers les princes expire par la dislocation de tous ses membres. Enfermez-le dans les ténèbres, et que ses yeux ne puissent apercevoir la moindre lumière. Ne laissez personne approcher de lui pour exciter son courage. Veillez seulement à m'annoncer quand il aura perdu sa constance. » Les bourreaux exécutent sans délai les ordres du juge, et ils renferment dans un horrible cachot l'athlète courageux du Seigneur.

A peine les gardes fatigués commençaient-ils à se livrer au repos, que Dieu fit tourner à la gloire du Martyr ce tourment qui devait rendre sa mort si atroce. La nuit de cette prison est illuminée d'une clarté céleste. Ça et là brillent des lumières plus éclatantes que le soleil ; le Martyr est délivré de ses entraves, et les débris de pots disparaissent sous une couche épaisse des fleurs les plus agréables. Vincent chante un hymne de louanges à Dieu, et cette horrible solitude est embellie par la présence des Anges qui s'empressent au service du glorieux Martyr, et lui adressent les plus suaves paroles. « Reconnais, disaient-ils, ô courageux Vincent, celui pour qui tu as fidèlement combattu : il t'a rendu victorieux dans les peines, et il te réserve une couronne toute préparée dans le Ciel. Sois donc assuré de ta récompense, bientôt tu quitteras cette chair mortelle, pour entrer dans notre société. » Ensuite les Anges rendirent gloire à Dieu, et leurs concerts harmonieux s'entendaient au loin.

Les gardes troublés sont saisis de crainte, et ils cherchent à reconnaître ce qui se passe ; ils s'approchent de la porte, et regardant par les fentes, ils voient les Anges resplendissants d'une beauté céleste, l'horrible prison éclatante de lumière, les débris de pots jonchés de fleurs variées, et le saint Martyr libre de toute entrave se promener en chantant les louanges de Dieu. Ce spectacle les touche, ils abandonnent leurs erreurs, se convertissent sincèrement à la religion chrétienne, et se montrent empressés à servir et à honorer celui qu'auparavant ils voulaient faire périr. Les fidèles du voisinage accoururent aussi, à la nouvelle de cette gloire accordée au Martyr. Le bienheureux Vincent leur dit : « Ne craignez point, et rendez gloire à Dieu ; entrez promptement, et contemplez à loisir les consolations que m'ont apportées les Anges. Là où il n'y avait que ténèbres, voyez la lumière ; vous pensiez me trouver gémissant dans les supplices, et je me réjouis en chantant les louanges du vrai Dieu. Mes liens sont brisés, mes forces augmentées, mon corps a reposé doucement et repris sa vigueur. Publiez partout que le Christ triomphe toujours dans ses serviteurs. Qu'on apprenne à Dacien de quelle lumière je suis environné ; qu'il invente, s'il le peut, quelque nouveau supplice, et il ajoutera à ma gloire ; je ne crains que sa pitié ; j'appréhende seulement qu'il veuille m'épargner. »

A cette nouvelle Dacien tout tremblant s'écria : « Que ferons-nous ? Nous sommes vaincus ! Faites-le reposer doucement dans un lit, afin que ses membres harassés reprennent quelque force, et quand ses blessures seront cicatrisées, nous le soumettrons à de nouveaux et plus intolérables supplices. » Ainsi pensait la rage du tyran, mais le Seigneur avait préparé la récompense. A peine le Martyr fut-il couché sur son lit de repos, que son âme s'envola au Ciel, et alors on eût pu voir les assistants s'empresser de baiser la trace de ses pas, toucher avec respect chacune des blessures de son corps meurtri, et tremper des linges dans son sang, pour les conserver comme un objet de vénération et un gage de protection particulière.

Réflexions.

Le B. Vincent combat pour la foi aux dépens de sa vie, et Dieu le comble de gloire devant ses persécuteurs eux-mêmes ; par toute l'Eglise catholique son nom sera redit d'âge en âge avec les plus grands éloges, et dans le Ciel il reçoit une récompense proportionnée à ses souffrances. Après un si bel exemple, qui ne mettrait en Dieu toute sa confiance ? qui ne voudrait lui rester fidèle même au prix des plus grands sacrifices ? « Un moment de souffrance procure un poids éternel de gloire, nous dit S. Paul

(2ᵉ Ép. aux Cor., ch. IV, v. 17). » Et N. S. J. C. a dit aussi : « Cherchez d'abord le royaume de Dieu et sa justice, et tout le reste vous sera donné par surcroît (S. Matth., ch. VI, v. 33). »

CHAPITRE VI

Dacien veut faire disparaître le corps de Vincent. Sa sépulture.

En apprenant la mort de Vincent, Dacien dit tout confus : « Si je n'ai pu triompher de lui durant sa vie, je le punirai même dans la mort, et j'exercerai de nouveaux supplices sur ses membres inanimés. Qu'on le jette dans une vaste plaine, sans aucune défense, afin que son cadavre soit privé de l'honneur de la sépulture et soit entièrement dévoré par les oiseaux et les bêtes féroces, de peur que les chrétiens n'enlèvent ses restes et ne l'invoquent comme Martyr. » Le vénérable corps fut donc jeté à la voirie, sans que personne veillât à sa garde ; mais les Anges le protégèrent, et Dieu permit que l'absence de tout secours humain rendît plus évidente l'intervention du ciel. Un corbeau du voisinage chassa les oiseaux qui voulaient s'approcher du précieux corps et même un loup qui s'apprêtait à le dévorer.

Dacien fut averti de ce prodige, et tout tremblant il ordonna de coudre le saint Martyr dans un sac comme un parricide, de le porter bien loin dans la mer, d'attacher au corps une grosse pierre et de le précipiter dans les flots, afin qu'il ne restât aucune trace de sa défaite. Un impie nommé Eumorphe promit à Dacien d'exécuter ses volontés de point en point, et ayant rassemblé un certain nombre de matelots, il s'éloigna assez de terre pour ne plus apercevoir le rivage ni même les plus hautes montagnes, et alors ils jetèrent le corps au fond de la mer, et ils s'en retournèrent annoncer avec joie à Dacien que jamais mortel ne verrait le bienheureux Vincent. Mais par la protection de Dieu, le corps du saint Martyr les avait devancés vers le rivage, afin que le soldat du Christ fût invincible et dans la vie et dans la mort.

Cependant Vincent apparut à un homme, en extase, et lui indiqua en quel endroit du rivage se trouvait son corps ; mais cet homme ne crut pas à la vision, et négligea toute recherche. A son tour une sainte veuve, nommée Jonica, fut avertie en songe de l'endroit où le précieux dépôt se trouvait enseveli, et connaissant clairement que cette vision venait de Dieu, elle en fit part à plusieurs fidèles, et les exhorta à venir avec elle au bord de la mer. Elle vint à l'endroit indiqué, et elle chercha des yeux certains signes qui lui avaient été manifestés dans sa vision, et bientôt l'on trouva sous le sable le corps du bienheureux Martyr.

Comme la rage des gentils ne permettait pas de

lui rendre encore tout le culte dû à sa sainteté, on ensevelit le saint corps dans une petite basilique. Mais avec le temps la persécution cessa, et comme la dévotion des fidèles croissait de jour en jour, le corps du bienheureux Martyr reçut une sépulture plus honorable, et fut placé sous le maître-autel d'une église élevée hors des murs de la ville de Valence où il avait souffert, et, par ses mérites, la puissance divine a accordé en ce lieu d'innombrables bienfaits de tout genre, pour la plus grande gloire de Notre-Seigneur Jésus-Christ qui vit et règne avec le Père et le Saint-Esprit dans tous les siècles des siècles.

Réflexions.

Le Seigneur veille avec sollicitude sur tous les ossements de ses Saints (Ps. 33, v. 21), et Il nous donne ainsi l'exemple d'honorer leurs précieuses Reliques. Faisons-nous donc un devoir d'assister avec une piété sincère aux fêtes qui sont célébrées en l'honneur de ces restes vénérables. Près de ces sources de vie, demandons, non seulement la guérison des maux du corps, mais surtout la force d'imiter les vertus des Saints. Prions en particulier le B. Vincent de nous obtenir un peu de sa fermeté dans la foi, de son zèle pour la gloire de Dieu, et de sa patience dans les souffrances ! Amen.

DEUXIÈME PARTIE

HISTOIRE DES RELIQUES

DE SAINT VINCENT

CHAPITRE I

L'étole de S. Vincent est transportée à Paris.

Le roi de France Childebert avait envahi l'Espagne et s'était emparé d'abord de la ville de Tolède. Voulant soumettre cette province tout entière à son empire, il fit alliance avec son frère Clotaire qui lui amena une forte armée, et tous deux assiégèrent la ville de Saragosse. La résistance des habitants fut opiniâtre, mais enfin ils se trouvèrent dans la dure nécessité de se rendre ; alors ils eurent recours à la miséricorde divine, et ils décidèrent de faire processionnellement le tour de la ville en chantant des Psaumes et des Litanies. Les deux rois, voyant ce spectacle, les soupçonnèrent d'exercer quelque maléfice, et ayant pu saisir un paysan du voisinage, ils lui demandèrent quelle religion professaient les habitants de la ville, et ce qu'ils prétendaient par ces chants et cette marche si insolite. Cet homme leur répondit : « Les citoyens de cette ville sont chrétiens, et ils supplient le Seigneur d'avoir pitié d'eux. » Les rois lui dirent alors : « Allez, et avertissez l'Évêque de la ville de venir vers nous sans aucune crainte. »

L'Évêque vint en effet, et le roi Childebert lui parla ainsi : « Connaissant que vous pratiquez la religion chrétienne et que vous adorez le seul vrai Dieu, nous avons résolu de vous faire grâce, à condition que vous nous donnerez des reliques de S. Vincent, Diacre, qui a illustré cette ville, comme nous l'a dit souvent le glorieux Germain, Évêque de notre ville de Paris. » L'Évêque leur offrit aussitôt l'étole ou la tunique du bienheureux Lévite et Martyr. Ils la reçurent avec les honneurs convenables, levèrent le siège comme ils l'avaient promis, et après avoir ravagé toute la province, ils retournèrent en France, chargés d'un riche butin. Childebert apporta à Paris l'étole de S. Vincent, et il fit bâtir une basilique, selon les plans du bienheureux Germain, sous le nom du saint Lévite et Martyr. Ceci se passait l'an de J.-C. 542, selon Baronius.

Le roi Childebert étant mort après un règne de 49 ans, l'église qu'il avait bâtie en l'honneur de

S. Vincent n'avait pas encore été consacrée. Le glorieux roi Clotaire jugea qu'il ne fallait pas différer cette consécration, et il s'entendit à cet effet avec le bienheureux Germain, et avec la veuve du roi Childebert et d'autres de ses parentes, afin qu'elles fissent de grands présents à cette occasion sur leurs revenus. L'illustre basilique fut donc consacrée par S. Germain, Évêque de Paris ; plus tard il y fut lui-même enterré, et il y eut tant de prodiges à son tombeau, que l'église elle-même, le monastère attenant et le faubourg prirent le nom de S. Germain, et furent placés sous sa protection.

CHAPITRE II

Reliques de S. Vincent transportées à Castres.

L'an 855 de l'Incarnation de N.-S. J.-C., sous le règne de l'orthodoxe prince Charles, fils de l'empereur Louis, un religieux du monastère de Conkittas en Aquitaine, nommé Hildebert, eut une vision qui venait du Ciel, comme le montrera la suite de ce récit. Hildebert était un homme simple, d'un âge mûr, et un modèle accompli de toutes les vertus monastiques. Une nuit qu'il se livrait au sommeil, après le chant des Matines, il entendit une voix divine lui dire : « Frère, êtes-vous éveillé ? » Il répondit : « Seigneur, que voulez-vous que je fasse ? »

« Levez-vous, reprit la voix, allez à Valence en Espagne, et cherchez hors des murs de cette ville le tombeau de S. Vincent, Lévite et Martyr. L'église où il reposait a été brûlée par les payens, pour punir la corruption et la vie criminelle des habitants ; le corps du bienheureux Martyr est enseveli sans honneur, et la terre qui seule le recouvre ne le garantit pas des injures de la pluie. Il convient, sachez-le, et c'est la volonté du Seigneur, qu'on retire aussitôt de là ce glorieux serviteur du Très-Haut, et qu'on le transporte en un lieu de paix où il reçoive l'honneur qui lui est dû. »

La vision céleste disparut à ces mots, et Hildebert s'étant éveillé implora d'abord le secours de Dieu pour l'accomplissement de ce qui lui avait été dit. Ensuite il fit part de sa vision à un autre moine, nommé Audaldus, son ami intime et comme lui recommandable par la sainteté de sa vie. Et tous deux, avec l'agrément de l'Abbé et de leurs frères à qui ils s'étaient ouverts de leur dessein, se mirent en route pour Valence. Mais Hildebert ne put résister aux fatigues du voyage, il tomba malade en chemin, et Audaldus dut continuer seul l'entreprise, et il arriva enfin à Valence, après avoir échappé à mille embûches que lui tendirent les payens.

Après être resté quatre jours dans un faubourg abandonné par presque tous les chrétiens, le cinquième jour il se résolut à interroger un Maure nommé Zacharie chez qui il logeait, lui révéla le but de son voyage, et lui demanda s'il ne pourrait l'aider dans ses recherches. « Je le puis, répondit le Maure, et je connais fort bien le lieu où repose le Martyr de Dieu, dont la tombe est jusqu'ici restée intacte. » « Allons donc, dit Audaldus, et voyons si vous dites la vérité. » « Que me donnerez-vous, dit Zacharie, si je vous montre ce que vous cherchez ? » Ils convinrent de quarante pièces d'argent ou de cinq écus d'or, et étant partis ensemble, ils arrivèrent au lieu où se trouvaient les ruines de l'église, et reconnurent le tombeau intact et recouvert encore de la pierre tumulaire sur laquelle il était écrit que le saint Lévite et Martyr Vincent reposait en ce lieu. Sur cette épitaphe étaient inscrits aussi les noms de son illustre père Eutychius et de sa mère Énola.

Le soir, ils revinrent secrètement à la tombe du bienheureux Vincent, et l'ayant fouillée, ils trouvèrent une urne de marbre d'une beauté étonnante solidement fermée de tous côtés comme il convient ; ils unirent leurs forces, et l'ouvrirent avec une facilité extraordinaire par la permission divine. Quelle fut l'admiration d'Audaldus en voyant le corps sans corruption ; il pleurait de joie, en aspirant le parfum d'agréable odeur qui s'échappait de ces saints restes, comme lui-même l'a assuré avec serment. Des signes surnaturels montrèrent qu'on était bien en possession du corps du saint Lévite et Martyr Vincent.

Malgré les blessures innombrables et horribles qu'il avait reçues dans les supplices, il était encore tellement intact et pur de toute corruption, que la raideur des nerfs empêcha de le mettre dans le petit sac préparé pour le transporter. Le moine fut donc obligé de séparer les membres les uns des autres, ce qu'il fit avec respect et une crainte religieuse, et il transporta le précieux dépôt dans la maison de son hôte.

Songeant alors à regagner sa patrie, il acheta des rameaux de palmier pour en envelopper le corps et cacher ainsi le trésor qu'il avait trouvé, puis il se mit en route, et une nuit qu'il dormait profondément, celui chez qui il logeait l'éveilla tout à coup, criant que sa maison était en flammes; mais Audaldus reconnut que c'était une clarté céleste qui environnait le corps du saint Martyr, et rassura son hôte.

Quelques jours après, il arriva à Saragosse, et s'arrêta près des murs de la ville, dans la maison d'une pieuse femme, qui lui accorda l'hospitalité. Mais comme l'inquiétude la tenait éveillée, elle vit le moine allumer des cierges et se tenir près du saint corps en récitant des psaumes; aussi dès que l'aube parut, elle se hâta d'aller à l'église, et fit dire à l'Évêque ce qu'elle avait vu. L'Évêque, nommé Sénior, ordonna de saisir les bagages et d'arrêter le moine. Celui-ci était sorti pour acheter des provisions. On prit tout ce qu'il avait apporté, et tout fut remis à l'Évêque qui vérifia le contenu et trouva le saint corps soigneusement enveloppé dans le petit sac. Rempli d'admiration, et soupçonnant, comme il était vrai, que c'était le corps de quelque saint Martyr, il le fit transporter dans l'église de la B. V. Marie ; c'est dans cette même église que jadis, sous l'Évêque Valère, le courageux Martyr avait porté si haut l'honneur du Diaconat !

Cependant Audaldus de retour voit qu'on lui a dérobé le corps, et il va lui-même trouver l'Évêque pour se plaindre de cet injuste larcin. Il soutient que c'est le corps d'un de ses proches qu'à grand'-peine il a pu racheter chez les Maures, pour le faire enterrer dans sa patrie. L'Évêque le fait appliquer à la question, et enfin Audaldus avoue que c'est le corps d'un saint Martyr nommé Marin. Ayant ainsi réussi à tromper l'Évêque sur un point, il est chassé de la ville, sans que le corps lui soit rendu.

Il revient à son monastère, mais les moines n'ajoutent pas foi au récit de son infortune, et l'obligent à se réfugier ailleurs. Il se rend au monastère de S. Benoît de Castres, et l'Abbé Gislebert et les autres moines, touchés de ses malheurs, le reçoivent comme un frère, en attendant une occasion favorable de retrouver le trésor qu'il avait perdu.

Huit ans et demi plus tard, les moines, selon le conseil de Salomon, comte de Cerdagne, leur ami, envoyèrent quelques-uns des leurs à **Saragosse avec** Audaldus pour recouvrer le corps du saint Lévite et Martyr, que le même Salomon devait leur livrer. Car Salomon était allé trouver le roi de Cordoue, et lui avait dit entre autres choses que Sénior, Évêque de Saragosse, avait par violence enlevé et retenu le corps d'un de ses parents nommé Sugnarius, que l'on rapportait d'Espagne. Le roi de Cordoue avait déjà reçu des présents de Salomon, et il demanda de plus cent écus d'or pour ordonner de rendre le corps; les ayant reçus, il écrivit au vice-roi de Saragosse, nommé Abdila, de faire rendre au comte Salomon le corps de son parent Sugnarius, moyennant quoi le vice-roi recevrait la même somme de cent écus d'or.

Tout étant ainsi réglé, Abdila fit appeler l'Évêque et lui demanda comment, sans respect pour la majesté des princes, il avait osé commettre un si grand crime. L'Évêque nia d'abord, et Audaldus, appelé en témoignage, ne put en rien obtenir. Alors on le menaça de la torture, et il finit par reconnaître ce qui s'était passé, et indiqua l'endroit où se trouvait le saint corps. Les miracles que S. Vincent avait opérés sous le nom de S. Marin avaient enraciné dans le cœur de l'Évêque une grande dévotion envers le saint Martyr, et la crainte seule des plus grands supplices avait pu le déterminer à parler.

Les moines s'empressèrent de creuser à l'endroit désigné par lui, et ils retrouvèrent le saint corps.

Comme l'un d'eux, nommé Radbert, doutait que ce fût le corps de S. Vincent, et disait qu'il fallait reconnaître d'abord certains signes connus d'Audaldus, il devint perclus du pied qu'il avait avancé pour s'en assurer, et ressentit en même temps des douleurs dans le genou et dans la jambe. Convaincus par ce prodige, les autres moines enlevèrent le corps et disposèrent tout pour le transporter. Bientôt Radbert fut guéri par la puissance du Saint, et tous alors se mirent en devoir de retourner en leur pays avec ce trésor si précieux, en chantant des hymnes et des cantiques d'actions de grâces, sous la conduite du Christ à qui appartiennent l'honneur et la puissance, la force et la souveraineté aux siècles des siècles. Amen.

CHAPITRE III

Miracles opérés dans cette translation.

Arrivés à Balagny, près du fleuve Ségaris, les moines s'arrêtèrent dans une île voisine de terre, et aussitôt on connut dans le voisinage la présence du corps du saint Lévite et Martyr. Plusieurs vinrent offrir des présents. Avec eux il vint aussi une femme aveugle qui, prosternée devant les Reliques, pria le Saint de lui rendre la vue. Elle pleura et resta longtemps en oraison, et elle recouvra la vue en présence de tous les assistants, et admirant le changement qui s'était opéré en elle, elle s'écriait : « Je vous rends grâces, ô mon Dieu, et à vous, ô saint Martyr, qui m'avez jugée digne d'éprouver les effets de votre puissance. »

On se dirigea ensuite vers Berga, où le Seigneur, dans sa miséricorde, montra par un nouveau miracle le mérite et le crédit du saint Lévite et Martyr. Au milieu d'un grand nombre de malades qui venaient implorer son secours, se trouva un boiteux qui souffrait aussi dans tout le corps. En présence des Reliques, il éprouva d'abord de grandes souffrances, et il se roulait sur le sol, au grand étonnement des spectateurs. Mais bientôt, par la bonté de Dieu et l'intercession du B. Vincent, sa marche redevint ferme et assurée, et il s'en retourna chez lui parfaitement guéri.

Les moines, continuant leur voyage en compagnie du comte Salomon, arrivèrent en Cerdagne, portant sur un brancard le corps du Saint déjà illustré par bien des miracles. Étant entrés dans une ville de cette province nommée Alba, ils déposèrent le corps sur un autel de la B. V. Marie. Une multitude innombrable le vint visiter pendant deux jours. Deux hommes qui ne pouvaient fléchir les genoux, une femme rachitique, un aveugle, des fiévreux et des énergumènes y furent guéris de toute infirmité par les mérites du Saint, et aucun de ceux qui l'invoquèrent avec foi ne se retira sans soulagement.

Presque tous les lieux où les moines s'arrêtèrent furent illustrés par des miracles ; ainsi, à Livia, deux boiteux furent guéris, et à Carcassonne, dans une église dédiée au saint Lévite et Martyr, des possédés furent délivrés et des malades recouvrèrent la santé.

Enfin on arriva à Castres, au monastère de S. Benoît. On se figure aisément combien fut resplendissant le cortège de tous les religieux s'avançant avec la croix et des cierges allumés et tous les ornements convenables pour recevoir dignement un si précieux dépôt. On plaça d'abord le corps du saint Martyr dans une église de la B. V. Marie, située hors de l'enceinte du monastère (dont l'entrée est interdite aux femmes), afin que tous pussent l'honorer, et on décida de construire en son honneur une nouvelle basilique dans le voisinage du monastère, où les personnes des deux sexes pourraient avoir un libre accès.

Une femme d'un hameau nommé Vidcellas, éloigné de trois milles du monastère, ayant été pressée par un de ses voisins d'aller avec tous les autres à la rencontre du B. Vincent, s'en était moquée, disant que c'était peut-être le corps d'un païen qu'on avait rapporté d'Espagne. Elle fut aussitôt privée de l'usage de ses membres, tomba par terre misérablement comme une masse, s'écria qu'elle allait mourir, et pria de la porter à l'église où était le saint Martyr. Elle y resta pendant neuf jours, devant un grand nombre de témoins, toujours dans le même état de faiblesse, et après neuf autres jours, elle retrouva une parfaite santé.

Le peuple fréquentait de plus en plus ce lieu, et des malades de toutes sortes y venaient chercher leur guérison. Le bruit de ces prodiges arriva aux oreilles d'Hélisagar, Évêque de Toulouse, et ce vénérable Pontife exhorta son clergé et son peuple à aller avec lui implorer le saint Martyr. Au jour fixé, il se mit en route avec beaucoup de peuple, et il marcha nu-pieds l'espace de neuf milles, afin de donner l'exemple à son troupeau. Un des pèlerins qui dès sa naissance avait les doigts tellement contractés et attachés à la paume de la main que jamais il n'avait pu les étendre, ayant prié avec larmes devant le saint Martyr, se sentit guéri tout à coup, et un sang vif coulait des points où les doigts étaient attachés auparavant. A cette vue, l'Évêque et tous les assistants glorifièrent Dieu, en chantant avec larmes des hymnes et des litanies, et tous baisaient avec joie les mains, encore arrosées de sang, de celui qui avait été guéri.

Un homme, qui avait une fille aveugle de naissance, ayant la confiance qu'elle serait guérie, résolut de l'amener vers S. Vincent dont les miracles se publiaient partout. En arrivant au monastère, il apprit que le saint corps, par crainte des païens Normands, avait été transporté en un lieu plus éloigné et plus sûr. Il se prit à gémir et à crier : « J.-C., ayez pitié de moi ! Bienheureux Vincent, ayez pitié de mon malheur ! ayez pitié de ma fille ! » Et comme il parlait ainsi avec larmes, la clémence divine qui ne sommeille jamais fut touchée de compassion, et les prières du glorieux Martyr et la foi de ce père obtinrent que la vue fut aussitôt rendue à cette jeune fille.

Lorsque les Normands, qui s'étaient avancés jusqu'à Toulouse et en avaient fait le siége, se furent retirés, les moines rapportèrent le saint corps, et le mirent au même endroit qu'auparavant, pour y recevoir les honneurs convenables.

En ce temps, une femme pauvre et depuis longtemps aveugle demanda à être conduite vers le saint Martyr ; mais en chemin elle fut abandonnée de ceux qui la conduisaient et qui s'ennuyaient de la fatigue de la route. Alors elle pria l'un d'entre eux de déposer au moins et d'allumer devant l'autel du Saint quelques chandelles qu'elle avait achetées sur les oboles de sa pauvreté. Soudain ses yeux sont ouverts, elle aperçoit ces cierges ; remplie de joie, elle poursuit elle-même son chemin, et arrive enfin au tombeau du B. Vincent, et quand elle eut allumé ses cierges, elle recouvra pleinement la vue.

Le bourg de Rodinigus, au pays de Rouergue, fut témoin d'un miracle à peu près semblable. Un homme paralysé des genoux que l'on conduisait à S. Vincent fut abandonné par ses conducteurs lâches et inhumains. Mais comme le Seigneur écoute avec miséricorde les prières de tous les malheureux qui crient vers lui, une vertu céleste le redressa, et ce paralytique put marcher à grands pas et rejoindre ceux qui l'avaient abandonné. Et ceux-ci se reprochèrent alors leur peu de charité envers un homme digne ainsi des bienfaits du ciel.

Un seigneur illustre nommé Georges avait un serviteur sourd et muet, qu'il fit conduire au tombeau de S. Vincent, et comme on n'était plus qu'à douze milles du monastère, le serviteur commença à parler et à entendre ce qu'on lui disait. Alors il pria ses compagnons de se hâter encore davantage, pour rendre au plus tôt au saint Martyr ses actions de grâces, comme ils firent.

C'est ainsi que J.-C. glorifie ses saints par les prodiges de la puissance céleste, et, dit l'auteur qui rapporte tous ces faits, nous n'avons choisi qu'un petit nombre de miracles qui nous ont paru tout à fait authentiques et fondés sur les plus éclatants témoignages, au milieu de tant de guérisons obtenues par les mérites du B. Vincent.

CHAPITRE IV

Reliques de S. Vincent transportées à Lisbonne.

Le bienheureux athlète de Dieu, Vincent, martyrisé à Valence, avait été enterré dans cette ville. Lorsque sous le roi Rodrigue, l'Espagne toute entière subit l'invasion des Sarrasins, des hommes pieux, cherchant un asile sûr, portèrent les ossements dudit Martyr dans un endroit très écarté vers le couchant, qu'on appelle Cap St-Vincent du Corbeau. Ils y bâtirent des cellules telles que pouvait les contenir ce promontoire fort étroit et fort avancé dans la mer.

Pendant quelque temps, ces religieux rendirent un culte au glorieux Martyr, et l'honorèrent avec une grande dévotion qui fut souvent récompensée par les bienfaits du ciel. Plus tard, le roi Alphonse I devint la terreur des Maures, il vainquit leurs princes et ravagea leurs villes, et soutenu par l'énergie de sa foi et le courage de sa nation, il vint jusqu'à cet endroit pour en emporter le saint corps. Mais par la volonté du saint Martyr, on ne put le découvrir alors, parce qu'il devait être honoré à Lisbonne, et le roi, comme il l'avoua depuis, avait l'intention de le faire porter à Bragance ou à Coïmbre, d'autant plus qu'il n'avait point encore soumis Lisbonne, dont il s'empara seulement quelque temps après.

Cependant le pieux empressement du roi ne demeura pas sans récompense ; car par la protection du saint Martyr, il délivra de l'esclavage un grand nombre de fidèles appelés Mozarabes, ou Arabes mêlés, et les ramena en terre chrétienne. Parmi eux étaient deux frères avancés en âge, qui avaient mené la vie monastique, et avaient passé leurs années dans l'endroit susdit au service du B. Vincent. Ces religieux pendant leur séjour à Lisbonne répondirent aux nombreuses demandes qu'on leur faisait au sujet du saint corps, et firent connaître le lieu où leurs prédécesseurs l'avaient déposé.

Bientôt après, une trêve fut conclue avec les Maures, et ainsi l'accès du tombeau étant devenu moins périlleux, des fidèles poussés par leur piété et par l'esprit de Dieu, équipèrent des vaisseaux et arrivèrent à l'endroit désigné après une heureuse navigation. D'abord ils eurent recours à la prière, puis ils creusèrent la terre en ce lieu, et, après un long travail, aidés par une révélation divine, ils trouvèrent le saint corps, objet de tous leurs vœux, et le mirent sur un vaisseau pour le ramener à Lisbonne, avec une joie et des actions de grâces qu'il ne serait pas facile de décrire. Par un bienfait particulier de Dieu, la mer, sans cesse agitée dans ces parages, fut à leur retour constamment calme et tranquille. Étant entrés dans le port de Lisbonne, ils portèrent d'abord le précieux fardeau dans une église dédiée à sainte Juste, vierge.

Un événement si important fut bientôt connu dans la ville, et il se fit un concours considérable de gens armés et de gens sans armes qui dégénéra presque en sédition. Les uns voulaient que le saint corps fût transporté dans une église de chanoines réguliers située hors de la ville ; les autres réclamaient avec plus de raison qu'il fût déposé dans l'église cathédrale. Gonsalve Égée, gouverneur de l'Estramadure, calma les esprits en disant que l'on s'en rapporterait à la volonté du roi. Alors enfin Robert, doyen de l'église cathédrale, homme cher à Dieu et au peuple de la cité, rassemble les chanoines, ses collègues, et après avoir fait des présents au supérieur de l'église où le corps avait d'abord été déposé, il transporte les reliques à l'église principale, au milieu des témoignages de respect de toute la ville. De leur côté, les chanoines réguliers s'adressent au roi pour obtenir au moins quelque partie des restes du saint Martyr, et c'est ainsi qu'Alphonse apprend l'heureuse découverte qu'il considère comme la gloire de son règne.

Dans sa piété et sa prudence, il ordonne à des hommes recommandables et courageux de retourner à l'endroit où l'on avait trouvé le saint corps, et de rapporter avec soin tous les restes de poussière, tous les débris du tombeau et toutes les parcelles d'ossements qui peut-être avaient échappé à la négligence des premiers explorateurs. Les ordres du prince sont exécutés avec une rare diligence et un rare bonheur ;

ceux qui avaient été envoyés revinrent rapportant des cendres sacrées, des bois du tombeau et une portion importante de la tête, et on joignit toutes ces reliques à celles qui se trouvaient à Lisbonne.

L'anniversaire de cette translation des reliques de S. Vincent se célèbre le 15 septembre, dans la cathédrale de Lisbonne, et la translation elle-même eut lieu ledit jour, l'an 1173, le 45e du règne d'Alphonse I, et vingt-six ans après la prise de la ville sur les Sarrasins.

CHAPITRE V

Miracles opérés par ces Reliques.

Il ne faut pas passer sous silence un fait qui arriva lors de l'invention des Reliques. Un de ceux qui étaient présents déroba secrètement une partie des ossements du Saint, pendant qu'on les rassemblait à la hâte, par crainte des ennemis. Mais aussitôt, comme il fut contraint de l'avouer, il perdit la vue ; alors, tremblant et attristé, il remit avec les autres parties tout ce qu'il avait enlevé, et obtint du Saint sa guérison.

Il y avait à Lisbonne une enfant paralytique, âgée de sept ans, dont le visage était tellement difforme et contracté, que la respiration ne pouvait suivre son cours naturel. La bouche était si rapprochée de l'une des oreilles qu'à peine il en sortait un léger souffle à chaque mouvement de la respiration. Ses parents l'amenèrent à l'église où était le saint corps, et après avoir déposé leurs offrandes près des saintes Reliques avec d'abondantes larmes, ils la recommandèrent à la clémence divine et au B. Vincent, l'engageant à prier elle-même comme elle pouvait. Soudain la jeune enfant, comme effrayée par une vision, se lève, et pleine de joie d'être guérie, elle glorifie Dieu et raconte au peuple étonné que le B. Vincent lui était apparu, avait touché de sa propre main la partie malade de son visage, et l'avait rendu à sa forme ordinaire. Dans toute la ville, on pousse vers le ciel des cris de joie, et le clergé et le peuple s'unissent pour célébrer la gloire et la puissance de J.-C. qui daigne manifester sa bonté par l'entremise du saint Martyr.

Un autre enfant avait été tellement défiguré par une maladie qu'il inspirait de l'horreur même à ses parents, et que ceux-ci désespéraient de sa guérison. Mais, comme il arrive souvent, la maladie du fils excita la dévotion des parents, et ne pouvant compter sur le secours des hommes, ils implorèrent le secours de Dieu. Ils vinrent au tombeau de S. Vincent avec une vive foi, et déposant leur jeune enfant devant les saintes Reliques, ils lui suggéraient les prières par lesquelles il devait demander son entière guérison : « O saint Vincent, guérissez-moi, et je serai votre serviteur tant que je vivrai ! » Le Saint fut touché de cette prière souvent répétée, et l'enfant fut si parfaitement guéri, que son tendre visage ne conserva aucune trace de la maladie.

Près de l'église demeurait une femme pieuse et craignant Dieu, qui souffrait depuis longues années d'une perte de sang ; elle avait dépensé beaucoup d'argent pour se guérir, mais sans succès. Elle vint vers S. Vincent avec une grande confiance, demandant sa guérison. Le Bienheureux lui apparut pendant son sommeil, et l'assura qu'elle ne ressentirait plus rien de cette maladie qui durait depuis dix ans, et en effet elle se trouva pleinement guérie, et ne cessait d'en rendre grâces à Dieu et à son saint Martyr.

Il y avait à Uvimarannis un jeune homme atteint d'une fièvre quarte contre laquelle les médecins étaient impuissants, en sorte que de jour en jour on attendait sa mort. En apprenant les merveilles que Dieu opérait par le B. Vincent, il conçut l'espoir d'en obtenir sa guérison, et se mit en route pour aller au tombeau du Saint. Avant même d'y arriver, il fut guéri, et, plein de reconnaissance, il continua sa route, fit célébrer une Messe, et apprit au peuple, en glorifiant Dieu, ce que le bienheureux Martyr avait fait pour lui.

Un habitant de Lisbonne vit sa piété envers le Saint récompensée par une faveur signalée. Cet homme était pauvre de biens, mais riche d'intégrité et de justice. Il ne possédait que sa maison, et il élevait ses enfants par son travail et celui de son épouse. Un de ses amis confia à sa garde une somme de quatre pièces d'or. Or il advint qu'un de ceux qui fréquentaient sa maison remarqua l'endroit où était le dépôt, déroba secrètement le trésor, et se retira à Almada, au-delà du Tage. Quelque temps après, celui qui avait confié les pièces d'or en eut besoin, et vint les redemander à son ami. Le dépositaire croyait les avoir sous la main, mais après avoir cherché longtemps, il dut déclarer qu'on les lui avait enlevées. Il fut cité en justice, et comme rien n'avait été volé chez lui excepté les pièces d'or, il fut condamné à restituer la somme prêtée, selon la coutume du pays. Accablé par ce malheur, il demande un délai, et revient tout triste pour délibérer avec sa femme sur ce qu'il convient de faire. Celle-ci avait déjà consulté des devins, et elle lui dit que l'argent a été transporté à Francosa, bien loin de Lisbonne. Ils désespéraient de retrouver le voleur, et ils étaient résolus à vendre leur maison et à demeurer ensuite dans quelque grotte, en allant mendier de porte en porte pour soutenir leur vie.

Cependant le mari revint bientôt vers son épouse, et les yeux pleins de larmes, il lui parla en ces termes : « Voici que le B. Vincent console les malheureux qui l'implorent, et que sous nos yeux aucun de ceux qui vont visiter ses reliques avec un cœur suppliant et des intentions droites ne s'en retourne sans avoir obtenu le remède à ses maux. Allons donc, et offrons-lui selon nos ressources un présent ou plutôt notre cœur, et exposons-lui en pleurant notre triste situation, et si mon attente n'est pas trompée, sa bonté aura bientôt apporté la consolation à notre douleur. »

Tous deux se rendirent à l'église du Saint, et après avoir passé une partie de la nuit en prières, ils furent rassurés au sujet du trésor. Un homme était apparu au mari en vision, et lui avait dit : « Va-t-en à Almada, et le premier homme que tu rencontreras venant de la ville te donnera des nouvelles sûres de ton argent. »

Il s'embarqua donc dès le matin, et à peine approchait-il de la ville, qu'il rencontra l'homme qui avait les pièces d'or, et celui-ci le salua le premier comme un ami : « Je sais, lui dit-il, que vous cherchez votre argent, et si vous voulez taire à jamais mon nom et garder le secret sur ce que je vous dirai ensuite, je vous le rendrai, et vous retournerez avec joie vers votre épouse. » Après avoir donné sa parole, il offrit de laisser de plein gré au voleur une partie de la somme. « Non, non, dit le voleur, je ne veux rien garder plus longtemps ; car depuis que je possède injustement cet argent, mon esprit a subi toutes les angoisses, et j'ai été comme frappé d'une folie d'un nouveau genre qui ne me laisse aucun repos. »

Cet homme recouvra donc l'argent avec allégresse, le rapporta chez lui, et avec son épouse il rendit grâces au saint Martyr pour l'insigne bienfait qu'il leur avait accordé.

Voici un autre exemple de la bonté du Saint. Une femme très pauvre avait reçu des effets à laver ; un voleur les déroba, et comme elle ne les retrouvait point, elle alla prier le saint Martyr, et à son retour, elle vit qu'on les avait rapportés dans sa maison, sans qu'il en manquât un seul.

Un jeune homme avait depuis longtemps perdu l'usage des membres inférieurs, et les médecins désespérant de le guérir, on prit le parti de l'amener au B. Martyr, qu'il pria avec grande dévotion et avec larmes, et il obtint d'être entièrement délivré de son infirmité.

Tous ces miracles et beaucoup d'autres sont rapportés par Étienne, grand-chantre de la cathédrale de Lisbonne, qui a aussi écrit l'histoire de la translation des Reliques dans cette ville.

CHAPITRE VI

Reliques de S. Vincent transportées à Bari,
en Apulie.

Peu de temps après que le corps du Bienheureux Nicolas eut été apporté dans la basilique de Bari (ce qui eut lieu en 1087), l'Évêque de Valence arriva à Bari afin de s'embarquer pour visiter Jérusalem. Mais il tomba malade en cette ville, et alors il fit appeler Élie, Archevêque de Bari, pour recevoir de lui l'absolution de ses péchés et le Corps sacré du Seigneur. Après avoir communié en Viatique, il dit à haute voix : « A cause de ma dignité et de ma dévotion, je porte avec moi un bras de S. Vincent, Diacre, dans une petite châsse en argent, et cette relique est le plus précieux de mes trésors. Je vois que le temps de ma mort approche, et je la souhaite, depuis que j'ai atteint l'âge de soixante ans, pour être avec J.-C. Il m'est agréable que ledit bras soit conservé dans l'église du B. Nicolas, et je veux qu'il reste ici en mémoire de moi, afin que mon âme participe toujours aux prières et aux sacrifices de votre église. » Ayant ainsi parlé, il remit le bras de S. Vincent aux mains d'Élie, et ajouta : « Mon Seigneur et Père, si je viens à mourir, que tout soit comme je viens de dire ; mais si je recouvre la santé, je me réserve le droit de reprendre ce précieux gage. » Et l'archevêque Élie, devant tout le monde, promit de respecter sa volonté.

Trois jours après, l'Évêque de Valence s'envola au ciel. Son corps fut transporté avec de grands honneurs à l'église de S. Nicolas, et après toutes les cérémonies funèbres, il fut enterré pour reposer en paix. Aussitôt l'Archevêque Élie organisa une procession solennelle, et, au son des cloches, accompagné du clergé et du peuple, il transporta le bras de S. Vincent, qu'il joignit à un bras de S. Thomas, Apôtre, dans l'église où repose le corps de S. Nicolas.

CHAPITRE VII

La Relique de Vieille-Chapelle.

« La paroisse de Vieille-Chapelle possédait depuis très longtemps un ossement considérable de l'avant-bras de l'illustre Martyr saint Vincent, Diacre de l'église de Saragosse ; mais ce trésor précieux était pour ainsi dire ignoré. Il y avait bien dans l'ancienne église un buste représentant le saint Martyr et dans lequel était déposée la relique. L'autel même où ce buste était placé portait de temps immémorial le nom d'autel de saint Vincent ; mais, par le malheur des temps, on n'avait point de documents certains sur l'origine et l'authenticité de la relique.

» L'église de Vieille-Chapelle ayant été rebâtie par le zèle du vénéré M. Delmotte, curé de la paroisse pendant trente-quatre ans, et dotée par M. Laurent, curé actuel, de trois autels en pierre, d'un chemin de croix, d'une chaire, etc., il restait à rendre au culte de saint Vincent son antique éclat, et pour cela il fallait avant tout vérifier l'authenticité de la relique. Au mois d'octobre dernier, Monseigneur, en tournée de confirmation, en fit la reconnaissance, et avec quelle joie l'on découvrit, enfermés avec la relique elle-même et parfaitement conservés, tous les documents qui en attestaient la plus parfaite authenticité !

» Comment l'église de Vieille-Chapelle se trouve-t-elle en possession d'un si riche trésor ? On le comprend facilement, parce que là était la résidence de la noble famille de Ghistelles, et cette famille princière d'Espagne, par ses démarches et sa haute influence, aura doté sa paroisse de cet incomparable joyau...

» Vu l'importance de la relique, M. Graux, vicaire-général, avait bien voulu, dès le moment de la vérification, promettre de venir présider en personne la restauration solennelle du culte de saint Vincent à Vieille-Chapelle. On choisit pour cette cérémonie le dimanche 18 janvier qui précédait de quelques jours la fête du Saint. Dès le matin, une foule compacte se pressait pour vénérer la relique, maintenant déposée dans une châsse magnifique.

» M. le vicaire-général chanta la grand'messe et y fit une instruction qui ne s'effacera pas de la mémoire et du cœur de ceux qui l'entendirent.

» Les vêpres furent très solennelles ; M. le doyen de Laventie les chantait entouré de MM. les curés de Richebourg, Lestrem, La Couture, Lafosse, Neuve-Chapelle, Essars et Locon, et d'autres prêtres. L'église suffisait à peine à contenir la foule accourue, non seulement de la paroisse même, mais des paroisses voisines. Après l'antienne *Alma*, M. le vicaire général monta en chaire, et s'inspirant de l'idée générale de la vie du saint Martyr, il montra avec de remarquables développements quels sont les adversaires de notre salut, quelle est l'obligation de leur résister, et quels sont les moyens d'en triompher. Après le salut, chacun voulut encore vénérer la relique, et l'attitude pieuse des fidèles disait assez combien ils étaient heureux de voir se renouveler les nobles traditions des siècles passés.

» Pendant toute la neuvaine consacrée au culte du Saint, du 22 au 30 janvier, le concours a été considérable. Puisse le glorieux saint Vincent, du haut du Ciel, veiller toujours sur cette paroisse de Vieille-Chapelle, où désormais son culte est profondément enraciné dans les cœurs et ne fera que s'accroître de plus en plus !

» L. FÉNART,

» Curé de Busnes, né à Vieille-Chapelle. »

(Semaine religieuse d'Arras, n° du 15 février 1880.)

PIÈCE JUSTIFICATIVE

Copie de l'authentique délivré à l'église de Vieille-Chapelle.

JOANNES-BAPTISTA-JOSEPHUS LEQUETTE,

Miseratione divina et Sanctæ Sedis Apostolicæ gratia, Episcopus Atrebatensis, Boloniensis et Audomarensis.

Universis et singulis præsentes litteras inspecturis, notum facimus et testamur, quod Nos, ad majorem Dei omnipotentis gloriam Sanctorumque Ejus cultum, intra visitationem Pastoralem in Parochia cui nomen Vetus Capella habitam, aperuimus qua decuit reverentia ligneam capsulam, os magnum Sancti Vincentii Martyris continentem, et, visitata sedulo insigni reliquia, invenimus prædictum os sacrum S^{ti} Vincentii Martyris, vitta serica rubri coloris alligatum, sigilloque Episcopali Illustrissimi et Reverendissimi DD. de Rochechouart, Episcopi Atrebatensis, munitum, necnon litteras authenticas ejusdem Venerabilis Episcopi, quibus manifesto constat prælaudatam reliquiam in hacce lignea capsula légitimè fuisse depositam ritèque conservatam. Quæ quidem reliquia ex lignea capsula à R. D. Henrico Graux, Vicario nostro Generali, ad id delegato, extracta, in decentissimo æris aurati receptaculo, ædiculi specie, super purpureo pulvinari deposita, aureo funiculo duabus extremis partibus alligata, sigilloque nostro subter munita fuit, et ingenti Populi Christiani concursu plausuque honorificentissimè translata atque inaugurata fuit, et piissimæ fidelium Venerationi oblata fuit, Die Dominica, decima octava Januarii, anno Domini millesimo octingentesimo octogesimo.

Atrebati, die V^a februarii, anno 1880.

Henri GRAUX, *Vic. Gén.*

Tout pour la plus grande gloire de Dieu et de S. Vincent.

L. FÉNART,
Curé de Busnes.

FIN

TABLE

Pages.

PREMIÈRE PARTIE.

Chapitre I. — Premières années de S. Vincent.   5

Chapitre II. — Arrestation et premières souffrances de S. Vincent   6

Chapitre III. — Interrogatoire de Valère et de Vincent.   8

Chapitre IV. — Tourments divers subis par S. Vincent.   11

Chapitre V. — Consolations célestes accordées à S. Vincent. Sa mort.   16

Chapitre VI. — Dacien veut faire disparaître le corps de Vincent. Sa sépulture   20

DEUXIÈME PARTIE.

Chapitre I. — L'étole de S. Vincent est transportée à Paris.   23

Chapitre II. — Reliques de S. Vincent transportées à Castres.   25

Chapitre III. — Miracles opérés dans cette translation   31

Chapitre IV. — Reliques de S. Vincent transportées à Lisbonne   37

Chapitre V. — Miracles opérés par ces Reliques.   40

Chapitre VI. — Reliques de S. Vincent transportées à Bari, en Apulie.   45

Chapitre VII. — La Relique de Vieille-Chapelle.   47

SAINT-OMER, TYP. H. D'HOMONT

www.ingramcontent.com/pod-product-compliance
Lightning Source LLC
LaVergne TN
LVHW021747080426
835510LV00010B/1350